AF271757

Eingeschlossen

LABYRINTHE FÜR ERWACHSENE

ActivityCrusades

Veröffentlicht von Speedy Publishing Canada Limited

ActivityCrusades
activity books

2

4

6

18

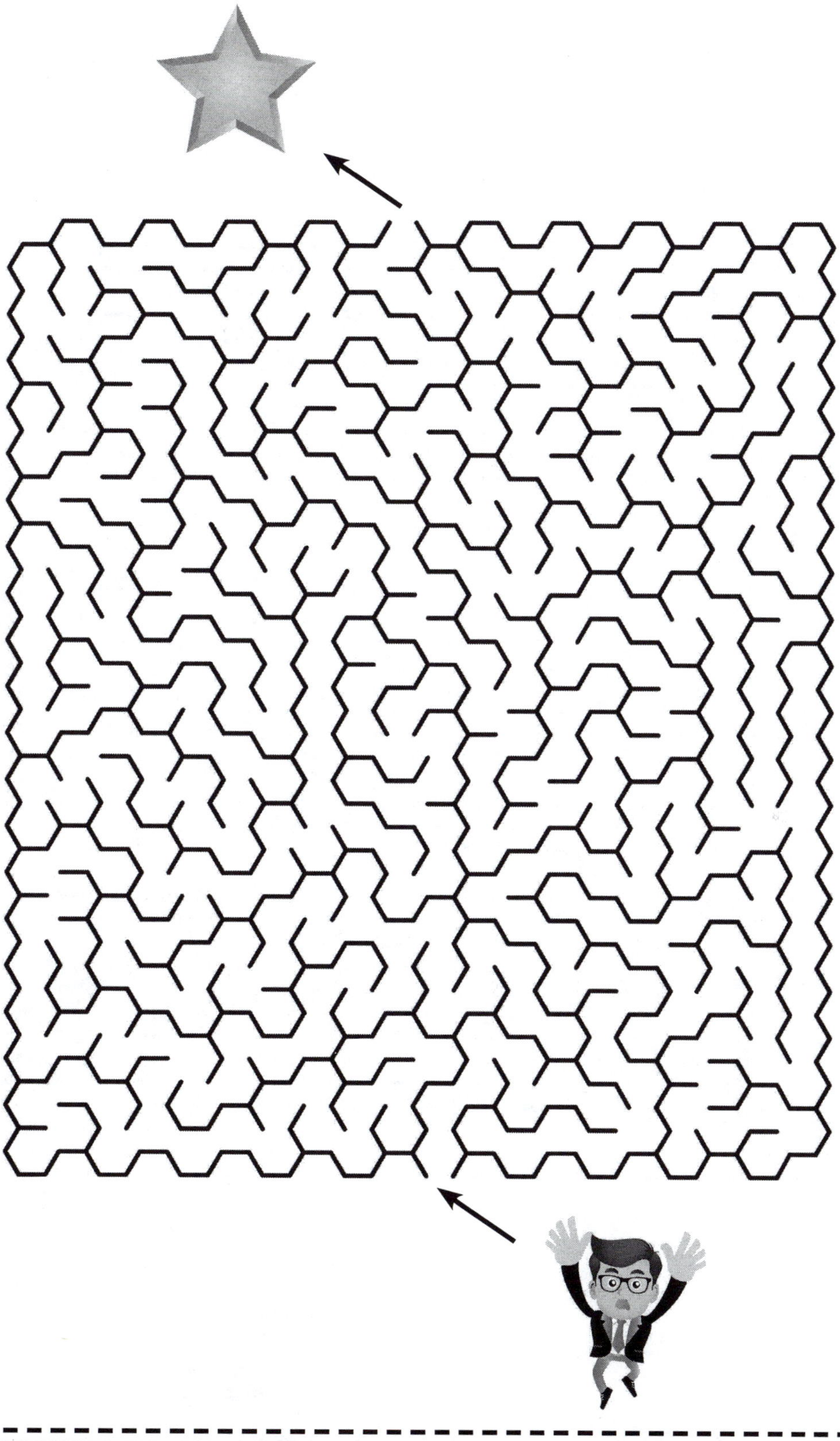

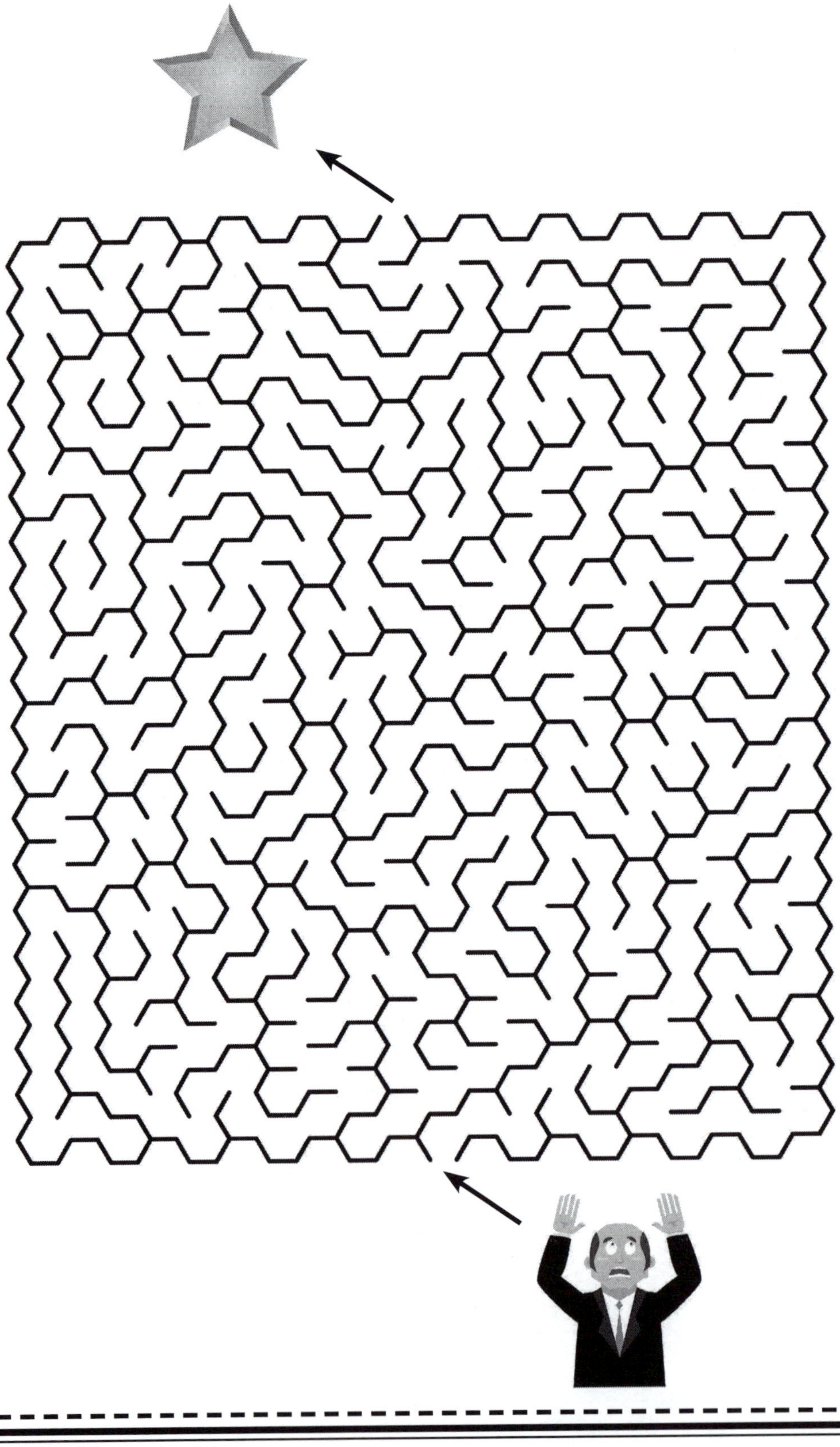

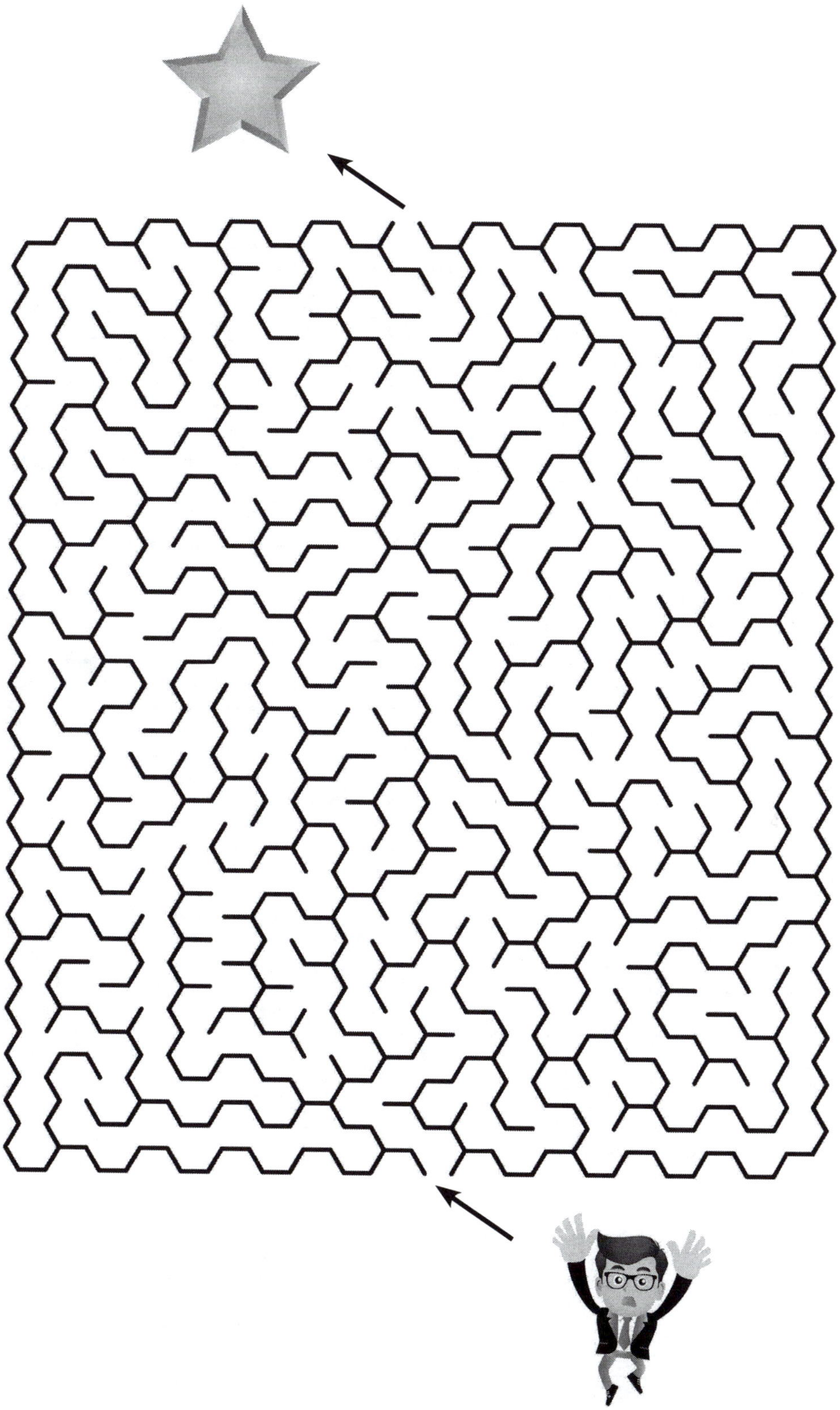

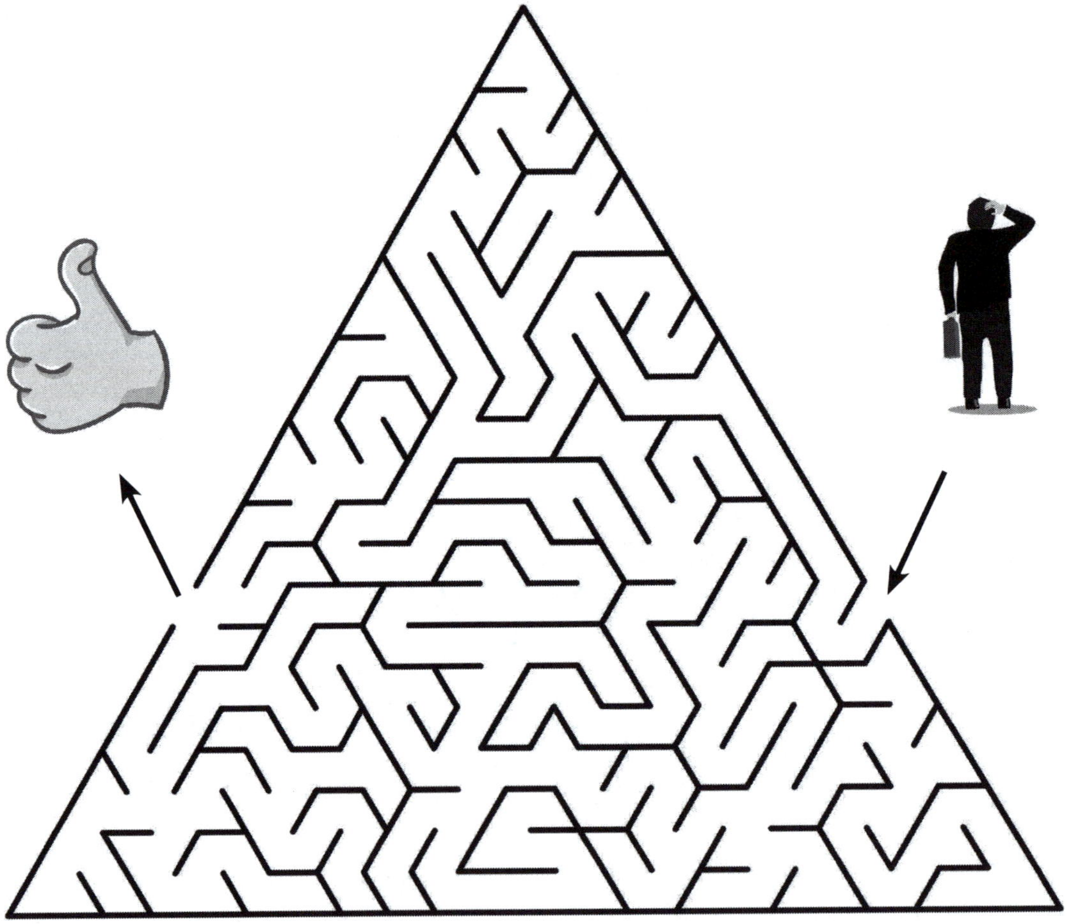

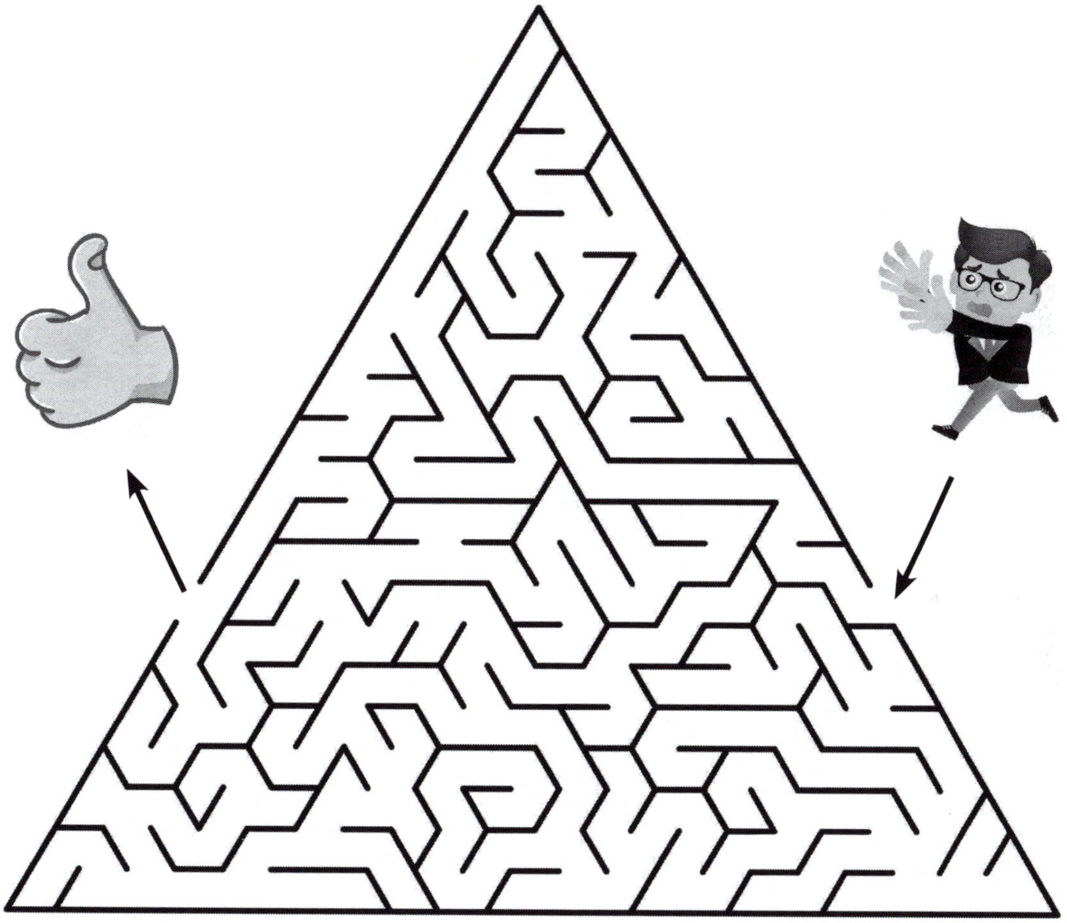

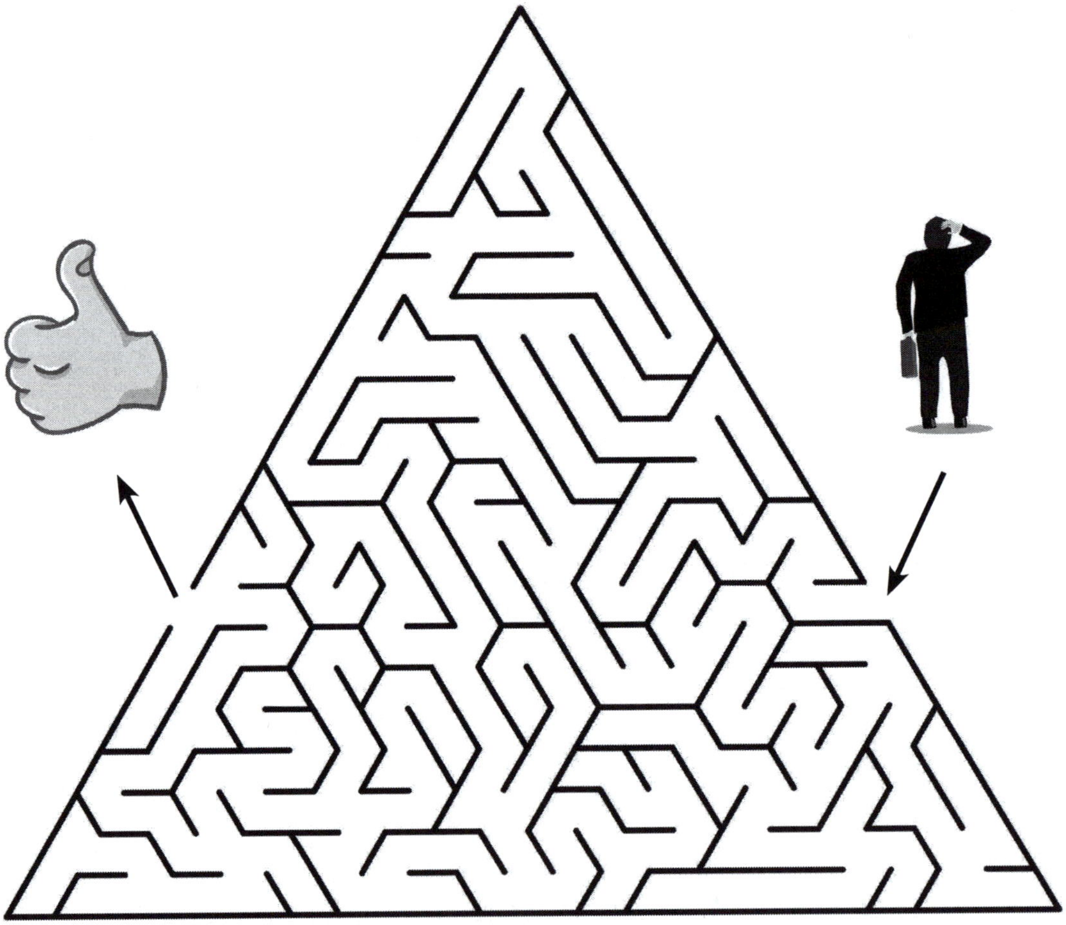

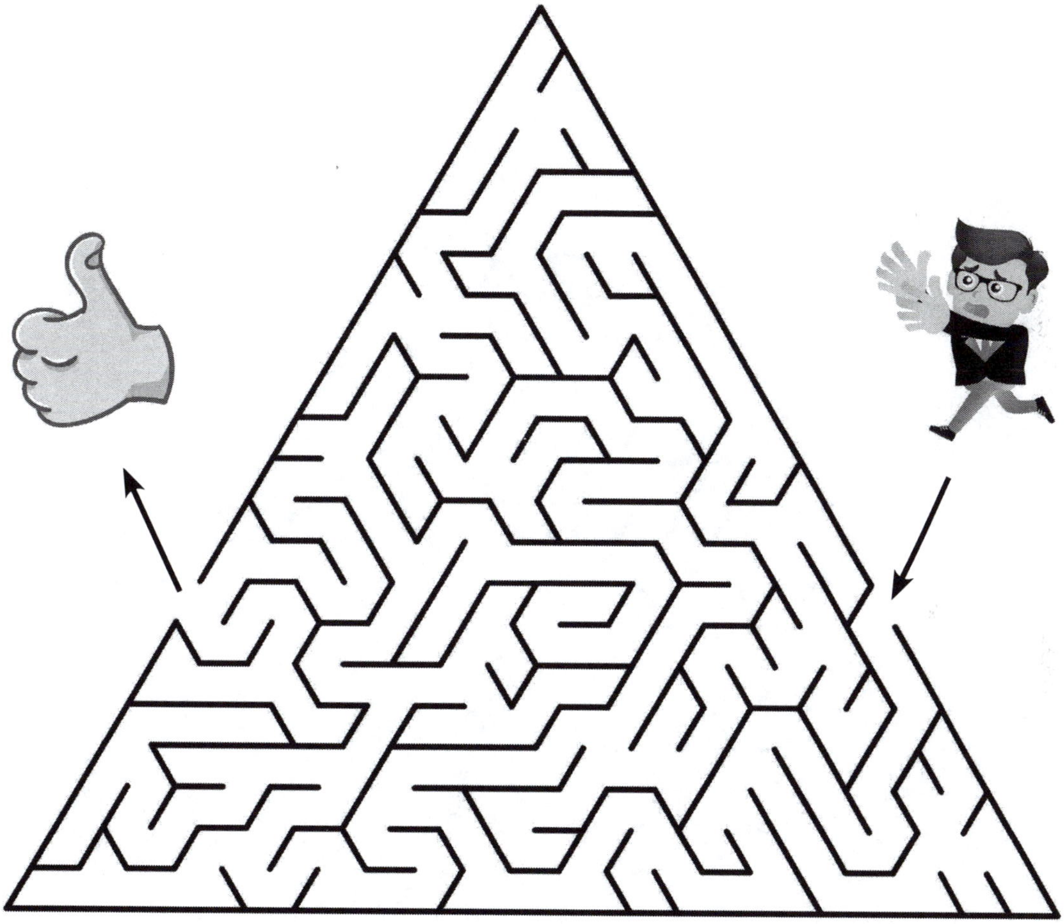

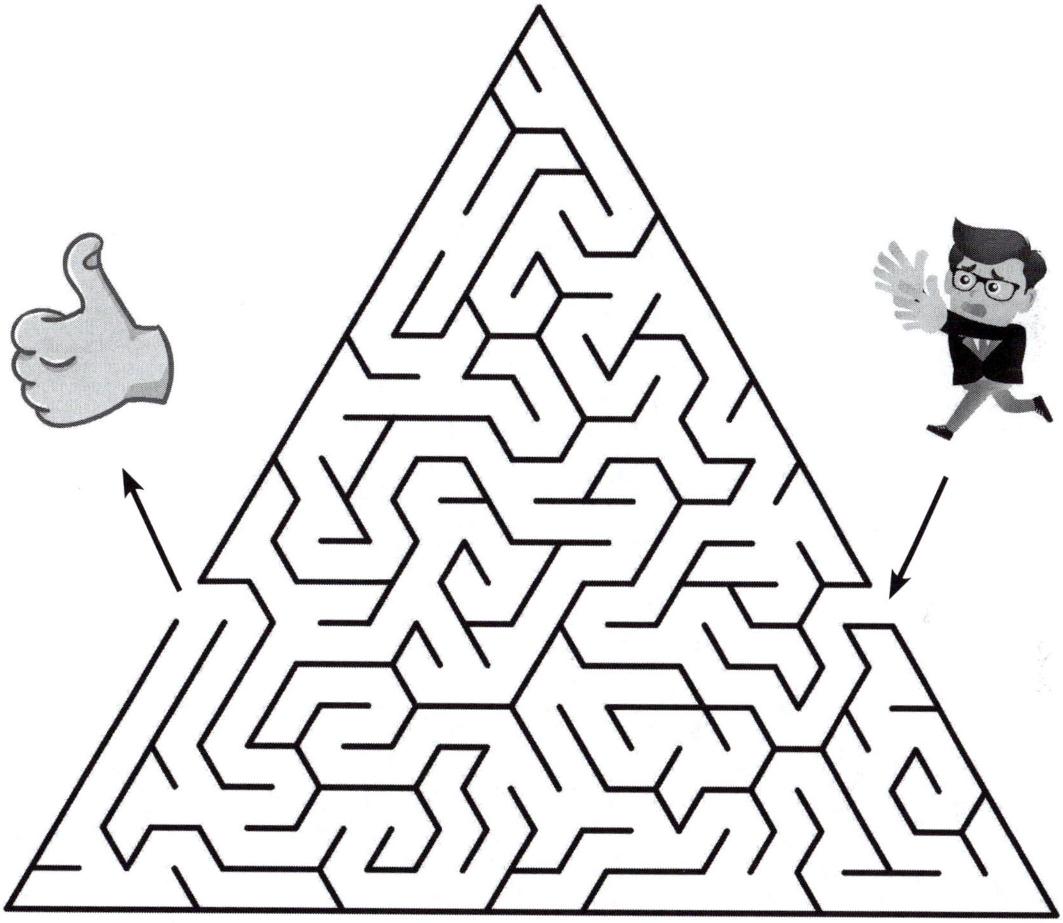

1

2

3

4

5

6

7

8

9

10

11

12

13

14

15

16

17

18

19

20

21

22

23

24

25

26

27

28

29

30

31

32

33

34

35

36

37

38

39

40

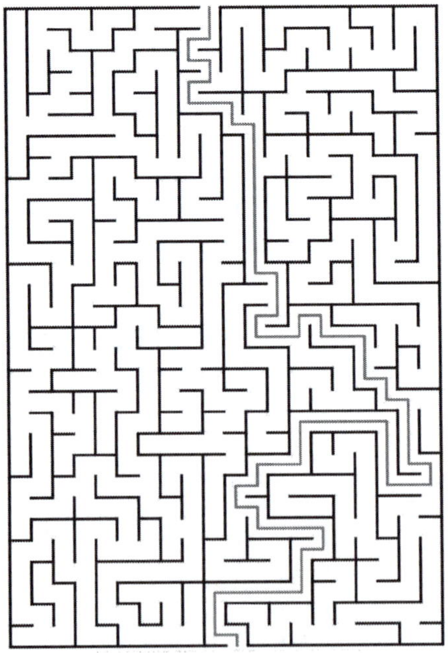

41

42

43

44

45

46

47

48

49

50

51

52

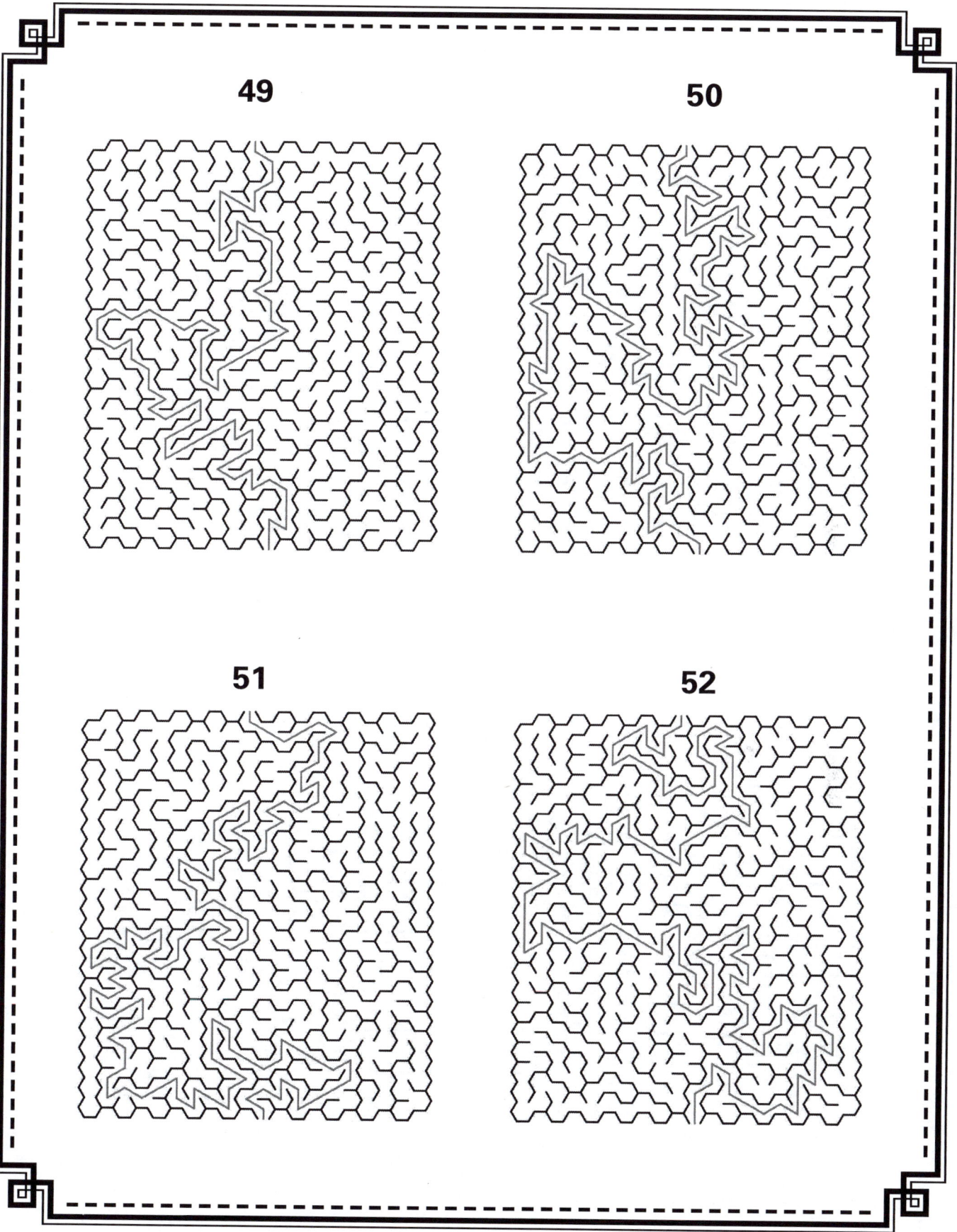

53

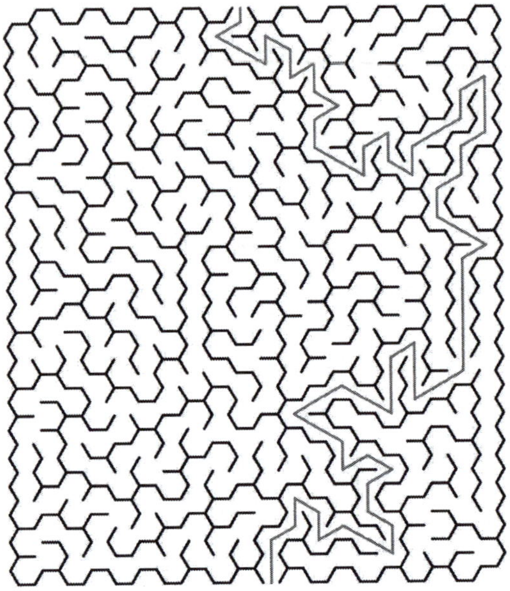

54

55

56

57

58

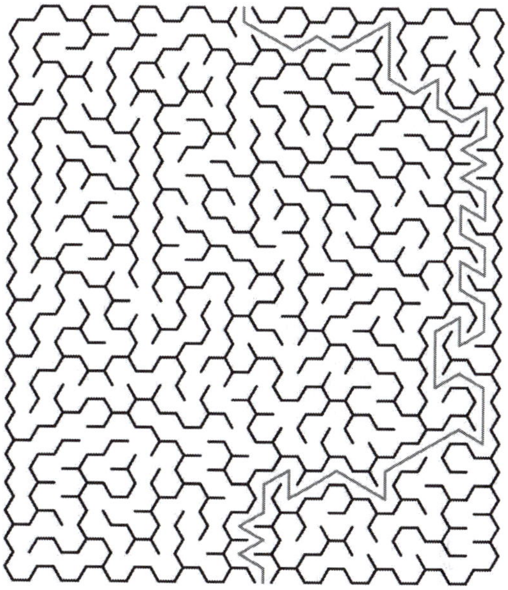

59

60

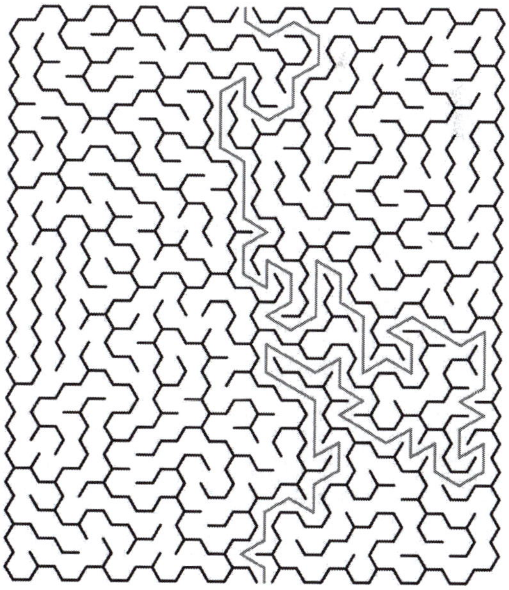

61

62

63

64

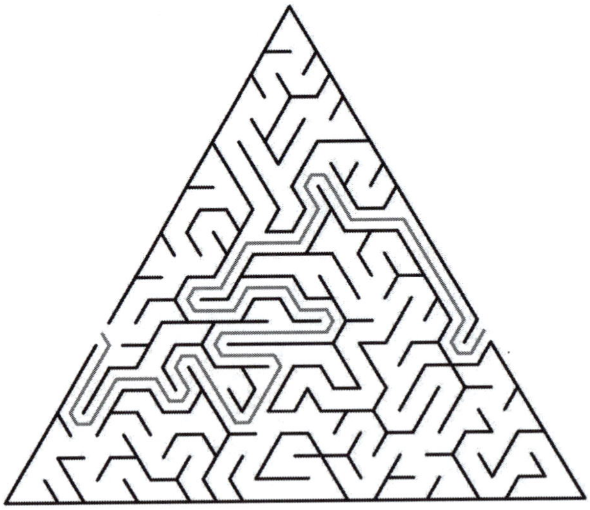

65

66

67

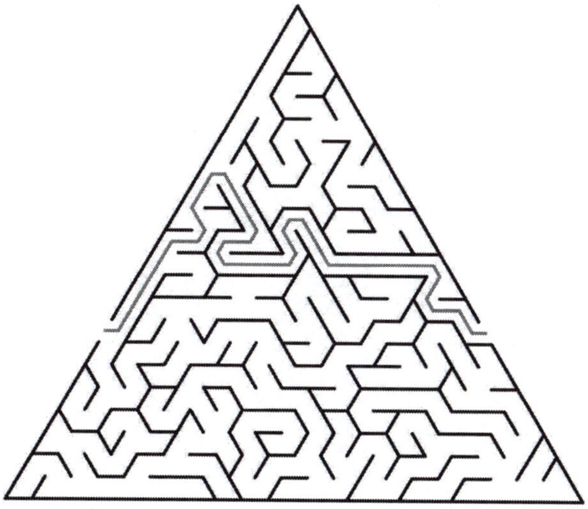

68

69

70

71

72

73

74

75

76

77

78

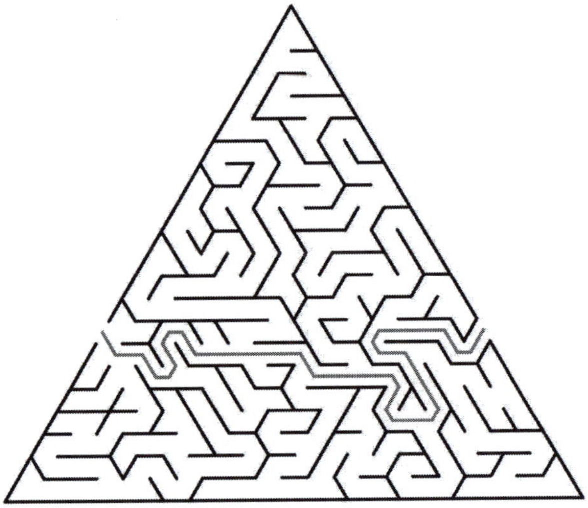

79

80

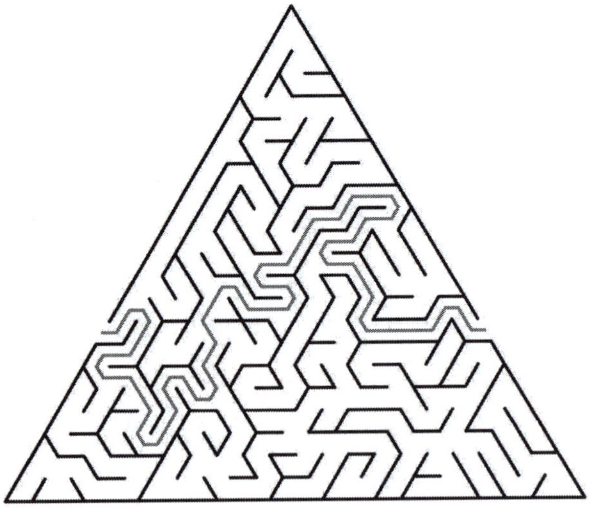

81

82

Made in the USA
Monee, IL
07 July 2026

56547379R00059